AF267171

LA
FRANCE NOUVELLE

Tua res agitur.

LA RÉPUBLIQUE — L'EMPIRE

LA MONARCHIE ABSOLUE

LA MONARCHIE CONSTITUTIONNELLE

PARIS

E. LACHAUD, ÉDITEUR

4, PLACE DU THÉATRE-FRANÇAIS, 4

—

1871

LA
FRANCE NOUVELLE

« Tua res agitur. »

PARIS

E. LACHAUD, ÉDITEUR

4, PLACE DU THÉATRE-FRANÇAIS, 4

—

1871

LA
FRANCE NOUVELLE

I

OBJET DE CETTE PUBLICATION

La France, au lendemain des désastres que l'invasion allemande lui a fait subir et des crimes exécrables dont Paris vient d'être le théâtre, a soif d'ordre et de stabilité.

L'ordre matériel va être promptement rétabli, grâce à l'attitude ferme de l'Assemblée nationale, au dévouement énergique et éclairé du chef du pouvoir exécutif et à la bravoure de l'armée, qui, après un court instant d'hésitation, n'a pas tardé à rentrer dans le devoir.

Oui, l'armée, malgré les revers, les fatigues et les souffrances dont son incontestable bravoure n'avait pu la préserver, vient, par un vaillant effort, de relever haut et ferme le drapeau tricolore, que des mains criminelles voulaient remplacer par l'ignoble emblême d'une sanguinaire démagogie.

— —

Déclarons-le donc solennellement :

L'armée a bien mérité de la patrie !

Mais une fois l'ordre matériel rétabli, il faut que tous les hommes de cœur travaillent immédiatement et sans relâche à rétablir aussi l'ordre dans les esprits et le calme dans les consciences, car le moral de la nation offre aujourd'hui l'image du plus dangereux chaos.

Une énergique reprise du travail, que le crédit peut seul enfanter, est l'unique remède applicable à ces maux ; or, le crédit de la France ne renaîtra que par la sécurité d'un lointain avenir, garantie par des institutions définitives et solides.

L'Assemblée nationale doit donc :

Décider promptement si elle fera ou non la Constitution ;

Dans le cas de l'affirmative, choisir la forme du gouvernement :

Enfin, établir la Constitution.

Il y a urgence !

Méconnaître cette vérité serait fermer les yeux à toute lumière.

La nation, meurtrie et lassée, n'aspire qu'au repos ; elle est prête à tout accepter pour l'obtenir, et son patriotisme est agonisant !

Il est vrai que, depuis bien des années déjà, l'amour de la patrie et le dévouement à la chose publique avaient perdu chez nous toute vitalité. Ces sentiments nobles et élevés paraissaient suspects au pouvoir et étaient étouffés, en outre, par l'avidité des jouissances, par l'exagération de l'ambition personnelle, par l'envie traînant à sa suite l'esprit systématique d'opposition, par l'abus de la critique poussée jusqu'à la calomnie, par le découragement des bons, résultant du trop facile succès des intrigants, enfin par l'oubli de tous les principes dont l'observance fait l'honneur.

Quelle âme généreuse n'était incessamment blessée dans ces dernières années par le contact du plus hideux égoïsme ?

Quel esprit sérieux ne gémissait à la vue de l'indifférence générale que rencontrait l'étude de toutes les graves questions de politique ou d'économie ?

Quel homme de cœur ne souffrait enfin du rôle affligeant accepté par le Corps législatif ? Il n'eut jamais le courage, pendant dix-huit ans, d'empêcher une seule faute, parce que ses membres, en majorité immense, ne songeaient qu'à rester dignes de la candidature officielle et négligeaient la mission de contrôle qui leur avait été confiée !

Quel que soit le gouvernement que le pays choisisse, il faut que la nation se régénère par les pures et mâles vertus du patriotisme. Les représentants du peuple devront en donner l'exemple, et leur premier devoir sera d'exercer désormais sur les actes du pouvoir un contrôle impartial, mais actif et sérieux.

Ce contrôle n'est pas seulement utile au point de vue de l'action salutaire qu'il exerce sur le gouvernement en lui imposant la prudence ; il est encore nécessaire pour former la nation à la vie politique.

Lorsque, élevant son esprit au-dessus des passions et des angoisses de l'heure présente, on étudie les causes primordiales des maux qui nous accablent, on reconnaît que le reproche le plus grave mérité par les trop nombreux pouvoirs qui ont successivement gouverné la France et par les hommes politiques qui les personnifiaient, c'est d'avoir mis tout en œuvre pour faire de la politique un domaine sacré, une sorte d'arche sainte, où ne pouvaient avoir accès que les initiés, les favoris et les serviles.

Ils ont ainsi éloigné beaucoup de bons esprits, aigri leurs adversaires modérés et consciencieux, jeté la lumière sur leurs adversaires passionnés et rendu les masses accessibles, par l'ignorance, aux théories les plus fausses et les plus dangereuses.

Il faut aujourd'hui que la vérité apparaisse éclatante et sereine, que chacun sache bien que la politique n'est pas une science impénétrable, qu'elle ne peut être bonne et féconde que par la simplicité de ses principes, et qu'il suffit, pour en bien juger, d'être animé de l'amour du bien public et du respect d'autrui.

Un gouvernement n'est, en réalité, sous l'empire du suffrage universel, que l'administration d'une vaste société ayant pour actionnaires des citoyens, pour administrateurs des députés, et pour directeur un chef suprême, président, empereur ou roi.

Chacun doit y connaître et y agir dans la mesure du devoir à lui tracé par la constitution du pays, qui n'est elle-même qu'un acte de société, dont nul ne peut modifier les conditions sans le consentement de la majorité des contractants, et auquel tous les intéressés doivent obéissance et respect.

Tels sont les termes simples auxquels doit être ramenée par la pensée, la machine, en apparence si compliquée, du gouvernement.

Hâtons-nous de faire disparaître les causes de divisions

sociales en chassant l'ignorance qui engendre l'erreur, la haine et le crime ; développons l'enseignement des saines doctrines du sommet à la base ; montrons surtout que l'homme ne peut et ne doit s'élever qu'à la condition d'être honnête et laborieux ; et répandons partout la connaissance des sciences pratiques, au premier rang desquelles se place la politique, science essentiellement actuelle, qu'on peut acquérir dans une mesure suffisante sans avoir fouillé tous les replis de l'histoire.

Alors, nous deviendrons un peuple sage.

En attendant cette régénération, qui sera prochaine, nous l'espérons, fondons au plus tôt un gouvernement définitif, et prenons des mesures énergiques pour anéantir désormais à sa naissance toute entreprise dirigée contre le pouvoir, *quel qu'il soit*, qu'aura édifié la volonté souveraine de la nation.

Le salut de la France est à ce prix !

L'Assemblée nationale actuelle fera-t-elle la Constitution ou décidera-t-elle l'appel au peuple pour la nomination d'une Assemblée spécialement constituante ?

Nous l'ignorons ; mais il semble que la majorité de l'Assemblée actuelle est disposée à adopter la première solution.

Nous pensons fermement qu'étant souveraine, elle a le droit absolu de faire la constitution, et nous ne saurions admettre les arguties de ceux qui cherchent à le lui contester en prétendant que son mandat a été limité à la mission de décider la paix ou la guerre, et, dans le premier cas, de déterminer les termes du traité de paix.

Cette limitation des droits de l'Assemblée nationale n'a point été spécifiée et le suffrage universel l'a investie des pouvoirs les plus étendus.

Encore une fois, elle est souveraine, et peut, en conséquence, être constituante.

Ce point une fois établi, il convient d'examiner cependant si la sagesse lui conseille de faire ou non la constitution.

Les partisans d'une Assemblée constituante nouvelle appuient leur préférence d'une considération très-digne d'attention : ils disent que les sentiments politiques d'une nation subissent de rapides transformations en des jours de troubles et que l'Assemblée peut ne plus être aujourd'hui l'expression fidèle de l'opinion actuelle de la France.

La nature des opinions des conseillers municipaux récemment élus semble d'ailleurs confirmer leurs craintes.

Nous livrons cette considération à l'appréciation de l'Assemblée elle-même, sans l'appuyer ni la défendre, mais nous lui soumettons respectueusement le motif qui nous conduit à souhaiter la nomination d'une Assemblée spécialement constituante.

Le besoin dominant du pays est, à nos yeux, la stabilité du nouvel édifice politique qu'on va construire, et rien ne doit être négligé pour le bien assurer. Or, nous craignons que ses adversaires, et il en aura, parce qu'aucun régime ne saurait réunir tous les suffrages, ne lui portent de continuelles atteintes en renouvelant dans l'avenir l'objection que nous venons d'énoncer.

Ne serait-il donc pas sage d'enlever d'avance aux partis dissidents tout prétexte d'attaque en appelant les électeurs à nommer une nouvelle Assemblée, chargée de faire la constitution ?

Quoi qu'il en soit, les représentants du pays auront à choisir, dans un court délai, entre :

1° La République ;

2° L'Empire, devant ramener la dynastie napoléonienne ;

3° La monarchie absolue, dite de droit divin, devant appeler au trône le comte de Chambord ;

4° Ou enfin la monarchie constitutionnelle, devant placer un des princes de la famille d'Orléans à la tête du gouvernement ;

Nous allons essayer d'esquisser à grands traits et avec une complète impartialité les garanties et les dangers que peuvent présenter ces diverses formes de gouvernement.

Tel est l'objet de la présente publication.

Nous serions heureux qu'elle pût éclairer, même de la plus faible lumière, les débats importants qui vont prochainement s'ouvrir.

II

LA RÉPUBLIQUE

La République n'a jamais été essayée en France qu'en de mauvais jours, et n'a laissé dans notre histoire aucun souvenir heureux.

Elle a, de plus, le tort grave de ne pas reposer, comme les autres gouvernements, sur des principes définis, capables de satisfaire l'unanimité, au moins à peu près complète, de ses partisans.

Il s'ensuit qu'on peut concevoir des républiques de toutes sortes, depuis la plus despotique, jusqu'à la plus libérale, depuis la plus honnête jusqu'à la plus impie !

Cette incertitude est le défaut essentiel de la forme républicaine et son plus réel ennemi.

Le mérite dominant d'une république que fonderait une imposante majorité de la nation, serait d'éteindre les rivalités dynastiques, de mettre fin aux divisions qui en sont les conséquences, d'appliquer tous les concours à l'amélioration d'un gouvernement unique, et de nous procurer enfin la stabilité en permettant :

1° La transmission indéfinie du pouvoir, sans

qu'elle puisse être, comme dans la monarchie, la cause ou l'occasion de secousses politiques ;

2° La modification prudente et régulière des institutions du pays, suivant la transformation des mœurs et les progrès du temps.

Une république pourrait peut-être aussi, mieux que tout autre gouvernement, rendre notre esprit sérieux, nos mœurs austères, notre patriotisme ardent, par le sage exercice de nos droits politiques, et procurer l'ordre public en satisfaisant les masses dans les grands centres aussi bien que dans le reste du pays.

Assurément, l'ordre public doit être maintenu à tout prix, même par la force ; mais nous ne devons pas nous dissimuler qu'il n'existe qu'à la surface, lorsque la peur de la répression l'obtient seule, car les mauvaises passions n'attendent alors que l'occasion de se faire jour.

Nous venons d'en faire la triste expérience : Après dix huit années de tranquillité dues à l'Empire, il a suffi, en effet, d'armer le peuple de Paris pour exposer la société aux plus effrayants périls.

Nous devons donc, pour préparer à nos enfants une ère de calme, songer d'abord à améliorer l'esprit des masses, et il semble que la forme républicaine y soit particulièrement favorable, parce qu'elle a déjà leurs sympathies et leur semble, à tort ou non, plus capable qu'une autre de leur procurer le bonheur.

Enfin, beaucoup de bons esprits pensent que le maintien des libertés nécessaires (1) et l'impartiale

____

(1) Nous employons à dessein cette expression du grand homme d'État qui vient de contribuer si efficacement au salut de la

application des lois seraient mieux garanties par une république que par une monarchie.

Cela ne nous semble pas indiscutable ;

La liberté était, par exemple, aussi complète sous la Monarchie de juillet 1830 qu'elle pourrait l'être sous une république, et le gouvernement d'alors n'a jamais entravé l'exercice régulier de la justice. Toutefois, un président républicain, étant obligé de se présenter périodiquement aux suffrages du pays, et ses prérogatives étant plus limitées que celles d'un souverain, il est admissible qu'il doive exercer une surveillance plus vigilante sur le fonctionnement de toutes les branches du pouvoir et se montrer plus disposé qu'un roi à réprimer les abus.

Les dangers principaux de la République sont de créer parmi nous d'incessants malentendus, de fournir aux mauvaises passions l'occasion de se produire, à la faveur de la confusion que font les esprits pervers entre la liberté et la licence ; de faire revivre d'obscures et détestables théories sociales, et d'éveiller des appétits et des convoitises coupables chez tous ceux qui veulent posséder sans acquérir et jouir sans travailler.

C'est ainsi, il faut bien le reconnaître, que deux Républiques ont déjà péri dans le sang à la suite d'actes criminels, et que la troisième, seulement provisoire encore, vient d'être souillée à Paris par les crimes les plus odieux dont le spectacle ait encore été donné au monde !

France, parce qu'elle est aujourd'hui une définition suffisante pour tous ceux qui s'occupent de politique.

Les adversaires de la forme républicaine pensent donc qu'elle est défavorable au maintien de l'ordre, et qu'elle ne saurait, en conséquence, mieux qu'une monarchie, procurer la vraie liberté.

Ils disent que la France ne peut être sauvée que par une direction vigoureuse dont un président de la République, soumis à une réélection prochaine, n'osera prendre la responsabilité ni rechercher l'honneur.

Nous ne saurions partager cette opinion, et nous pensons au contraire qu'un gouvernement républicain peut exercer une répression plus énergique que tout autre, parce qu'il représente plus directement la volonté nationale, et, parce qu'étant impersonnel, la crainte de vengeances ou de ressentiments ne peut arrêter le bras d'aucun membre du pouvoir.

Les adversaires de la forme républicaine pensent encore qu'elle est antipathique aux autres nations européennes et maintiendrait la France dans l'état d'isolement où l'a laissée l'Empire ; ils craignent enfin que l'esprit républicain, philosophique par essence, ne soit défavorable au développement des vertus morales et religieuses qui élèvent les hommes et les nations par la foi.

Rien ne démontre qu'un gouvernement républicain doive entraîner nécessairement ces inconvénients, et nous croyons que ses actes seuls pourraient donner tort ou raison aux craintes que nous venons de signaler.

Examinons si la République peut être actuellement fondée en France.

La première question à résoudre consiste à savoir si la grande majorité de la nation est républicaine.

Nous ne le pensons pas.

Il est pourtant certain que, si les hommes d'ordre de tous les partis prenaient en mains la cause de la République, ils entraîneraient cette majorité et que nous n'aurions pas de meilleur choix à faire pour atteindre à la stabilité dont la France a tant besoin, et la préserver des révolutions périodiques qui l'épuisent.

Les hommes d'ordre le voudront-ils? Seront-ils subitement animés de la foi républicaine? Ne sont-ils pas liés à d'autres principes par des sentiments trop ardents, ou trop respectables pour qu'on puisse espérer voir leurs convictions politiques se modifier tout-à-coup? Nous ne saurions le dire. Qu'ils y songent cependant: le gouvernement de la France, depuis quatre-vingts ans, n'a été, en fait, qu'une république dont la constitution a subi de très-notables modifications, et dont les chefs ont pris successivement la direction sous des titres divers, à la suite de secousses violentes, au lieu de s'appeler Présidents, et de devoir leur élévation à des élections paisibles, prévues et réglées par la constitution. Que de ruines n'eussent pas été épargnées par une république stable! Quel n'eût pas été le développement de la richesse et de la force matérielle du pays! Quelle ne serait pas la puissance de notre malheureuse France, aujourd'hui humiliée, amoindrie et déchirée!

Malheureux ceux dont l'esprit ne peut s'élever assez au-dessus des passions humaines, ou des suggestions de l'intérêt privé, pour apercevoir ces vérités! Mais il faut être de son temps, surtout en politique, et donner à une nation le gouvernement qui convient le mieux à son esprit et à son tempérament.

Si la France se prononçait cependant en faveur de la République il faudrait que celle-ci ne fût qu'un gouvernement parlementaire, se rapprochant le plus possible de la monarchie constitutionnelle, et reposant sur les bases suivantes, qui sont celles de la Républicaine américaine, appropriées à l'unité française :

Le pouvoir léglslatif serait exercé par deux Assemblées.

Les membres de l'une seraient nommés directement par le suffrage universel.

Les membres de l'autre seraient nommés par les conseils généraux (1).

Le pouvoir exécutif serait dévolu à un président, choisi par les deux Assemblées et pour un temps déterminé (2), parmi trois candidats désignés par les suffrages des conseils généraux.

Enfin, la direction des affaires serait confiée à des ministres responsables nommés par le président.

Dans aucun cas, le président ne pourrait faire un appel direct au peuple. — Cette interdiction est une des premières garanties de l'ordre public et de la stabilité des institutions.

Un chef du pouvoir, roi, empereur ou président, nommé directement par la nation, est, en effet, armé d'un pouvoir trop fort, trop étendu, pour que des

____

(1) Aux Etats-Unis d'Amérique, le Sénat est composé de deux sénateurs de chaque Etat, élus pour six ans par sa législature.

(2) En Amérique, le Président est élu pour quatre ans.

Assemblées puissent efficacement lui faire contre-poids, et ce pouvoir est d'autant plus dangereux que l'homme qui le détient peut en quelques années, et sans en être lui-même instruit, cesser d'être d'accord avec l'esprit national. Les Assemblées, au contraire, se maintiennent plus facilement en harmonie avec les sentiments du pays, parce que les membres qui les composent se retrouvent fréquemment en contact direct avec leurs électeurs.

Telles sont les bases que les républicains sages voudraient voir adoptées pour le cas où la nation se déciderait à accepter la République.

III

L'EMPIRE

Né du besoin d'ordre et de repos qu'éprouvait la nation après les événements de 1848 et du prestige qu'exerçait encore sur elle la grande ombre de Napoléon Ier, l'Empire n'a jamais défini son principe d'une manière logique et satisfaisante pour la raison.

La volonté nationale l'avait incontestablement fondé; mais, par une inexplicable inconséquence, l'Empereur Napoléon III, voulant soustraire sa dynastie aux chances aléatoires du suffrage universel, n'a pas craint d'en asseoir l'avenir sur un principe absolument opposé à sa propre essence, c'est-à-dire sur le droit héréditaire.

Cette contradiction était flagrante : Si le suffrage universel avait pu effacer en 1852 la violation de la Constitution de 1849, ce que nous ne contestons pas, s'il avait pu détruire et remplacer légalement l'ancien droit héréditaire que revendiquaient en vain les partisans des deux dynasties successivement dépossédées, il avait assurément aussi le pouvoir de détruire légalement, à son heure, la nouvelle hérédité impériale, et de désigner, par exemple, pour succéder à Napoléon III, un autre souverain que son fils.

Comment, en effet, le suffrage universel eût-il pu arracher aux générations futures le bénéfice de sa propre application et avoir la puissance d'anéantir son principe en se suicidant lui-même, pour ne plus jamais revivre jusqu'à la fin des siècles?

Poser une semblable question, c'est y répondre : une fois le suffrage universel admis et appliqué, ses décisions de 1852 ne pouvaient évidemment engager ni paralyser ses décisions futures.

Toute constitution fondée sur ce principe doit donc se déclarer elle-même perfectible par l'action de la volonté nationale, s'exerçant de la même manière que pour l'adoption de cette constitution elle-même.

Une confusion si manifeste des principes nous préparait inévitablement de nouveaux troubles, et tous les esprits sages prévoyaient que la mort de l'Empereur en pourrait être l'occasion.

C'est ainsi que l'état de santé du souverain était devenu le régulateur véritable de l'activité des transactions commerciales et financières.— Un tel état de choses était intolérable, et l'Assemblée à laquelle va incomber le difficile devoir de faire la constitution nouvelle, devra, dans tous les cas, s'étudier à rendre désormais impossible le retour de cet état permanent d'inquiétude qu'engendre tout pouvoir personnel.

Les événements ont précipité la chute de l'Empire; il s'est volontairement englouti en quelques jours dans les désastres d'une guerre inouïe, et les blessures qu'il nous a faites en tombant saigneront, hélas! bien longtemps encore !

Faut-il imputer ces malheurs à l'Empereur, ou au

régime qu'il avait établi, et serions-nous fondés à en redouter le retour dans le cas d'une restauration?

Tels sont les points que nous voulons examiner.

Nous entendons ne parler de l'Empereur Napoléon III qu'avec le respect dû au malheur.—Cette réserve nous sera d'autant plus facile que nous n'avons jamais incriminé ses intentions; mais nous croyons, dans notre âme et conscience, que nos revers devant l'ennemi, et la ruine de Paris, sont la conséquence d'une succession de fautes, ou tout au moins d'erreurs, imputables au régime impérial.

L'Empereur, en se déclarant pendant dix-huit années seul responsable devant le pays, en vertu de la Constitution de 1852, avait, en effet, détendu tous les ressorts de la nation. Aucune critique ne pouvait plus atteindre les hauts fonctionnaires devenus complétement omnipotents; on les vit alors ne s'étudier qu'à obtenir la faveur du souverain en prévenant le moindre de ses désirs au lieu d'accomplir le périlleux devoir de l'éclairer, n'avoir eux-mêmes de faveurs que pour les dévoûments serviles, subordonner tous les intérêts au triomphe des candidatures agréables et ne faire plus d'efforts capables de maintenir la France au niveau des autres grandes puissances de l'Europe.

Telles sont les causes originaires de nos désastres.

L'immense drame qui vient de se dénouer par le plus dur traité qu'ait encore dû subir une puissance vaincue n'est, il faut l'avouer, que le triomphe inévitable et logique de l'étude et du savoir sur l'infatuation et l'ignorance!

Il est évident que deux nations n'en viennent à se

combattre qu'avec l'espoir dont chacune d'elles est animée de vaincre son ennemie et que l'une des deux s'est toujours trompée quand la lutte cesse; mais jamais, depuis que le monde existe, un peuple n'a subi des revers aussi prompts et aussi cruels dans une guerre déclarée et engagée par lui! Non, l'histoire ne mentionne dans toutes ses pages aucune faute aussi lourde!

Qui ne sait, aujourd'hui, que nos revers sont dus à la désorganisation de l'armée, à la négligence apportée à créer la garde mobile n'existant au début de la guerre que sur le papier; à l'insuffisance tellement manifeste des effectifs mis en ligne qu'elle ne peut s'expliquer que par l'ignorance des forces réelles de l'ennemi; au morcellement de notre armée divisée en petits corps échelonnés sur une ligne d'opérations trop étendue; à la faiblesse du commandement supérieur; à l'insuffisance du temps laissé à l'administration pour assurer ses services; enfin, à l'indiscipline et au défaut d'instruction d'une portion très-notable de l'armée, comprenant principalement la réserve et les hommes rappelés de congé.

Des erreurs aussi graves sont évidemment l'œuvre d'un régime défectueux où manque la salutaire action du contrôle, et elles n'auraient jamais pu se produire sous un gouvernement franchement parlementaire, possédant un parlement indépendant et éclairé, un ministère responsable et un chef, empereur, roi ou président, ne gouvernant pas.

Les crimes épouvantables qui viennent d'ensanglanter Paris et en ont fait un monceau de cendres, sont aussi la conséquence logique des erreurs de l'Empire, qui, cherchant à se rendre le suffrage universel aussi favorable dans les grands centres que dans les campagnes, encouragea les tendances dites socialistes, fit la loi de coalition, et toléra l'existence occulte de sociétés ouvrières les plus dangereuses.

A Dieu ne plaise que nous blâmions jamais aucune mesure capable d'améliorer le sort si véritablement intéressant des travailleurs honnêtes et laborieux ! — Nous croyons, au contraire, que tous les hommes d'ordre doivent prendre sous leur patronage une si juste cause, et qu'il reste beaucoup à faire pour elle (1) ; mais nous voulons que ces mesures moralisent l'ouvrier au lieu de le pervertir, lui inspirent le respect du patron au lieu de le constituer en révolte permanente contre lui, l'animent de la noble ambition de s'élever par le travail au lieu de l'habituer à la paresse, fassent enfin du travailleur un bon citoyen au lieu d'en faire un ennemi de l'ordre.

Tels ont été cependant les tristes fruits de la loi de coalition qui amena d'incessantes grèves durant lesquelles les ouvriers coalisés, non-seulement en France, mais dans toute l'Europe, *s'habituèrent à vivre sans travailler pendant de longs chômages,* et à considérer tous ceux qui possèdent comme des ennemis s'enrichissant de leurs labeurs !

L'Empire fut-il plus heureux dans sa politique exté-

---

(1) Nous indiquerions une solution très-pratique du difficile problème de l'entente entre les ouvriers et les patrons, si l'étude de ce problème ne sortait du cadre de cette brochure.

rieure? Sut-il nous faire aimer et respecter des nations étrangères? Nous procura-t-il de solides alliances?

Les faits ont répondu déjà à ces questions.

Si la guerre de Crimée releva notre drapeau aux yeux du monde entier, nos tracasseries incessantes, notre prétention de nous constituer les arbitres de l'Europe, nos guerres continuelles et la faiblesse de notre diplomatie, nous amenèrent à un isolement complet. — On ne saurait, en effet, compter l'alliance anglaise pour quelque chose, puisque cette égoïste et ingrate puissance, oubliant que nous avions généreusement servi ses intérêts en Crimée, ne trouva pas un seul mot à dire en notre faveur quand sonna l'heure du danger.

Que la France s'en souvienne toujours!

Il serait injuste, cependant, de méconnaître que l'Empire nous a donné des jours de prospérité réelle.— Aussi longtemps qu'il lui a été possible de maintenir le régime autoritaire par lequel il avait inauguré son règne, notre richesse s'est développée considérablement à la faveur de l'ordre. On vit alors les transactions de toute nature prendre une grande extension. La France, ou tout au moins les Français, accrurent leur fortune, et Paris fut pendant plusieurs années le marché financier du monde entier!

Mais la dette publique s'augmenta toujours par suite des énormes dépenses qu'occasionnaient d'incessantes guerres, et l'Empire l'a laissée au chiffre le plus élevé qu'elle ait encore atteint.

Quel mauvais génie poussait donc le souverain à exposer ainsi la France à des périls continuels, alors que nous n'aspirions tous qu'à la paix, et que son propre intérêt, aussi bien que l'avenir de sa dynastie, la lui conseillaient?

L'Empire a fait aussi de grands travaux d'utilité publique et amené les villes à accomplir d'heureuses transformations, au double point de vue de l'art et de la salubrité.

Mais il eût pu faire beaucoup plus de dépenses productives en employant les fonds absorbés par la guerre à développer plus rapidement nos chemins de fer, qui sont encore tout à fait insuffisants, à achever nos canaux, nos ports, etc., et à étendre l'instruction publique, qui n'a jamais obtenu au budget que des subsides très inférieurs à ses besoins les plus urgents.

En résumé, nous pensons qu'un gouvernement personnel héréditaire comme l'Empire ne peut qu'affaiblir et énerver une nation.

Il est possible qu'il lui procure quelques années de prospérité et d'éclat, lorsque le chef qui tient en mains ses destinées est doué d'un génie supérieur ou servi par les circonstances; mais il ne saurait jamais offrir les garanties nécessaires de durée, de paix et de stabilité, parce qu'il ne vaut que ce que vaut l'homme qui en dispose, et que Dieu n'a pas voulu que la vie humaine fût longue, ni que le génie fût nécessairement héréditaire.

L'empereur Napoléon III ne l'avait-il pas compris lui-même lorsqu'il fit un pas incertain et timide vers le régime parlementaire, suivant les termes du sénatus-consulte du 21 mai 1870?

Si la volonté nationale restaurait l'Empire, ce régime ne pourrait donc nous donner aucune sécurité, *à moins que des modifications profondes ne fussent apportées à la Constitution de 1852-1870.*

Nous avouons, du reste, ne pas comprendre comment cette restauration pourrait se réaliser légalement en présence du vote de l'Assemblée nationale à Bordeaux. — Quoi qu'il en soit, les regrets et les vœux qu'expriment des partisans dévoués s'expliquent lorsqu'on songe aux 7,800,000 suffrages du dernier vote plébiscitaire et aux dévouements nombreux et sincères qu'attirèrent à l'Empereur sa bienveillance inépuisable et sa générosité. Ils paraissent moins compréhensibles quand on sonde la profondeur de l'abîme dans lequel l'Empire nous a précipités!

IV

LA MONARCHIE ABSOLUE

Le comte de Chambord vient d'offrir à la France, dans un langage élevé et tout à fait royal, de lui apporter le bonheur par la restauration de la monarchie dont il représente le principe.

Les excellentes intentions de Son Altesse Royale ne sauraient être mises en doute ; mais un prétendant qui n'a pas posé le pied sur le sol de la patrie depuis quarante et un ans et l'a quitté enfant encore, peut nourrir de profondes illusions.

Or, le temps des expériences est passé ; tous les régimes ont été successivement essayés en France, et l'heure est venue pour les représentants du pays de lui donner enfin des institutions durables.

Voici donc, selon nous, la réponse que la grande majorité des Français devrait adresser au comte de Chambord.

Monseigneur,

Permettez-nous d'aborder immédiatement l'objet capital de votre manifeste, et de revenir ensuite sur les points de détail.

Vous dites :

« Croyez-le bien, je serai appelé, non-seulement
« parce que je suis le droit, mais parce que je suis
« l'ordre ; parce que je suis la réforme ; parce que je
« suis le fondé de pouvoir nécessaire pour remettre
« en sa place ce qui n'y est pas, et gouverner avec
« la justice et les lois dans le but de réparer les maux
« du passé et de préparer enfin un avenir. »

Vous entendez évidemment être le droit parce que
vous êtes l'héritier légitime de la branche aînée des
Bourbons, que vos ancêtres étaient rois de France et
que, de père en fils, ils héritaient du trône comme de
toutes autres choses composant les biens actifs et pas-
sifs de la famille.

En un mot, le droit que vous revendiquez, et sur
lequel vous évitez de vous appesantir, est le droit héréditaire qu'on appelle, nous ne savons pourquoi, *droit*
divin, lorsqu'il s'applique à votre famille.

Permettez-nous, Monseigneur, d'essayer de démon-
trer à Votre Altesse :

1° Que ce droit n'existe plus dans la raison ni dans
la conscience de la majorité des Français, et

2° Que chercher à le faire revivre c'est exposer
notre malheureux pays à de nouvelles discordes, à de
nouveaux malheurs !

Au temps où le fils aîné d'un de nos anciens rois
héritait du trône à la mort de son père, le roi s'appe-

lait roi de France. — Il est inutile d'expliquer ici comment était née la fiction à l'aide de laquelle le trône pouvait être considéré comme une propriété ; j'emploie à dessein le mot *fiction* parce qu'on essayerait en vain d'établir en pareille matière l'origine d'un droit quelconque de propriété. Comment, en effet, le droit de gouverner les Français ou seulement d'occuper le trône de France, pourrait-il appartenir à perpétuité à une famille ? Est-ce que le sol de la patrie n'appartient pas à ceux qui l'ont acquis, Français et étrangers ? Est-ce que les hommes qui possèdent ensemble le territoire français et ceux qui y sont nés ne constituent pas la nation et n'ont pas le droit absolu de désigner qui bon leur semble pour veiller à la sécurité du pays et diriger son administration ? De quel droit un homme, prince ou autre, disposerait-il donc d'une chose qu'il ne possède pas ?

Il convient de remarquer d'ailleurs qu'aux temps où vos ancêtres héritaient successivement du trône de France, un grand nombre de charges publiques étaient héréditaires et les biens généraux du père devenaient l'héritage de son fils aîné. — Il y avait donc analogie entre les successions royales et les successions civiles, et c'est ainsi qu'avait pu naître et vivre la fiction dont je parlais tout à l'heure.

Mais notre droit moderne, suivant l'esprit duquel l'Europe modifie peu à peu ses lois, a changé tout cela et votre pensée ne peut aller jusqu'à vouloir le méconnaître. Ce serait impossible, et l'on ne saurait vous attribuer un projet aussi révolutionnaire, encore bien que vous vous annonciez comme étant la réforme, et que votre lettre semble écrite par un de vos ancêtres sortant d'un long sommeil et ignorant complétement les progrès accomplis par le temps.

En vérité, Monseigneur, le droit de gouverner à perpétuité la France n'appartient et ne peut appartenir à aucune famille, et sa revendication blesserait autant notre dignité qu'elle froisserait le bon sens.

Vous le reconnaissez implicitement d'ailleurs quand vous dites : « Je serai appelé. » En effet, si, appelé par la nation, vous deveniez un jour roi des Français, il est évident que c'est du peuple que vous tiendriez la couronne, que votre droit résulterait uniquement de la volonté nationale, et qu'enfin cette volonté, expression fidèle et respectable des besoins et des vœux d'une époque, ne saurait engager le pays à perpétuité vis-à-vis de vos héritiers.

Nous n'examinons pas en ce moment si le choix dont vous pourriez être l'objet serait favorable ou non à la grandeur et au bien-être de notre patrie. Nous affirmons seulement que ce choix constituerait votre unique droit au trône, et qu'en dehors de la volonté nationale il n'y a plus de droit royal pouvant satisfaire notre raison et notre dignité.

Nous voulons croire que si vous teniez en mains les destinées de la France, vous vous renfermeriez avec loyauté dans les limites que la constitution aurait assignées aux prérogatives royales ; mais il n'est pas déraisonnable de prévoir, ou seulement d'admettre, en s'inspirant des leçons de l'histoire, le cas où l'un de vos successeurs violerait la constitution et refuserait de se soumettre aux décisions des représentants du pays, gardiens de cette constitution. Qu'arriverait-il dans ce cas ? Le roi, armé du droit divin considéré par les légitimistes, et probablement par vous-même, comme supérieur à l'autorité du suffrage universel, maintiendrai sa volonté et demeurerait à la tête du gouvernement. De leur côté, les représentants du pays réclameraient la soumission du souverain à la constitution, et la nation n'aurait alors aucun autre moyen d'assurer le triomphe de sa volonté qu'en recourant encore une fois à la révolution. Nous reverrions ainsi des jours de troubles et n'échapperions pas au péril que nous devons conjurer à tout prix :

L'instabilité !

Non, il ne faut pas nous dissimuler que rétablir le droit divin en présence de la souveraineté nationale, qui ne saurait plus être arrachée au peuple, ce serait créer le plus dangereux antagonisme !

Comment, Monseigneur, entendriez-vous donc concilier ces deux puissances opposées et assurer pendant un long avenir leur bonne harmonie ? Votre lettre omet ou dédaigne d'expliquer votre pensée sur ce point important, et nous ne la devinons pas. Nous voyons bien que vous réclamez comme un droit l'honneur de gouverner la France, en ne vous bornant pas à souhaiter de régner sur elle ; mais rien ne nous fait comprendre comment vous parviendriez à satisfaire toujours la volonté nationale et à conjurer ses orages.

Non, vous ne nous rassurez pas, et votre retour *comme roi absolu à la faveur du droit divin*, loin de calmer aucune de nos inquiétudes, ne ferait que les accroître.

Vous n'êtes donc à nos yeux, Monseigneur, *ni le droit, ni la stabilité*, et vous ne pourriez concourir à notre bonheur que si la nation vous choisissait comme roi constitutionnel dans les conditions que nous indiquerons tout à l'heure.

Nous saluerions alors votre retour avec déférence, car si nous sommes franchement contraires au principe du droit divin, nous n'avons que des sentiments de respect pour votre personne.

Nous pensons avec vous que l'abandon des principes est la vraie cause de nos désastres. Mais vous semblez les attribuer presque exclusivement à l'abandon des principes religieux ultramontains, et nous ne sommes plus d'accord sur ce point.

Nos malheurs sont dus à des causes terrestres, à des fautes du pouvoir, que nous avons expliquées plus haut en parlant de l'Empire. Quelle que soit donc la grandeur des desseins que le Ciel peut encore avoir sur la France, et dont nous ne doutons pas plus que vous, il serait injuste d'accuser Dieu, de ne voir que sa colère dans nos malheurs présents et de penser qu'il a voulu nous soumettre à de si cruelles épreuves.

Honorons et invoquons Dieu dans sa puissance infinie, mais cessons de profaner son saint nom dans des manifestes politiques, où les prétendants ne l'ont trop souvent fait briller de son éclat céleste et resplendissant que pour mieux laisser dans l'ombre les sujets délicats sur lesquels ils voulaient éviter de porter la lumière.

Vous seriez d'ailleurs dans l'erreur si vous pensiez que l'Empire ait négligé la religion et ses ministres. Que voudriez-vous faire de plus que lui ? — Abolir la liberté des cultes et condamner l'Église gallicane, ainsi que votre manifeste en indique le dessein ? Mais mesurez donc la puissance relative des peuples modernes, et vous verrez les nations protestantes en progrès et les nations catholiques romaines en décadence. — C'est que les premières, tout en honorant Dieu, sont guidées par l'étude et la réflexion, tandis que les dernières n'ont pour guide que le sentiment.

Ne comptez donc pas sur le seul retour aux principes religieux de l'ultramontanisme pour préserver désormais notre patrie de tous désastres, et souvenez-vous plutôt de ce précepte des saintes écritures :

« Aide-toi, le ciel t'aidera. »

Vous dites enfin que vous n'avez pas renoncé *au bonheur de sauver notre pays*, et cette pensée, toute louable qu'elle soit, nous froisse cependant, parce qu'elle est trop orgueilleuse ou trop naïve.

Nous sommes, Monseigneur, dans un état de désarroi matériel et moral dont vous n'entrevoyez peut-être pas toute l'étendue et qui rendrait la tâche très-rude à l'homme qui voudrait seul essayer de sauver la France.

Il lui faudrait disposer de la force qu'on tient du concours de toutes les volontés, de tous les courages pour être seulement le drapeau autour duquel tous les défenseurs de l'ordre viendraient se grouper ; il pourrait alors se croire un sauveur ; mais ce serait en réalité la nation qui se sauverait elle-même, et le chef qui aurait eu l'insigne honneur de présider à sa régénération, n'aurait été véritablement que le mandataire de la volonté nationale.

Que pourriez-vous être de plus que ne vient d'être le chef du pouvoir exécutif ?

Il faut donc vous résigner à voir sombrer la France ou à la voir se relever elle-même.

Elle se relèvera !

Ses enfants sauront retrouver l'amour du travail, les mâles vertus et le sens droit de l'honneur; ils guériront alors ses blessures et lui rendront la force et la volonté de revendiquer ses droits vis-à-vis de l'étranger. Heureux le souverain ou le chef qui présidera alors à ses destinées ! Heureux tous ceux qui verseront leur sang pour la faire une fois encore grande et respectée !

V

LA MONARCHIE CONSTITUTIONNELLE

La restauration de la monarchie constitutionnelle sera inévitablement l'objet d'une attention toute particulière de la part des représentants du pays.

Le mérite de cette forme de gouvernement est de se rapprocher le plus possible de la république, d'en pouvoir offrir tous les avantages, de permettre notamment la réalisation pacifique des exigences variables de la volonté nationale et de satisfaire un très-grand nombre de Français qui sont monarchiques.

L'Angleterre nous en offre un exemple bien digne d'étude, et le gouvernement de Juillet nous en a laissé le souvenir.

On peut la définir par cette simple formule :

Une monarchie avec des institutions républicaines.

Le règne de Louis-Philippe, qu'a abrégé une révolution inattendue, une insurrection sans principe, une surprise hardie, suivie d'une inexplicable défaillance du pouvoir, n'avait produit que d'heureux fruits. L'armée, merveilleusement organisée par la loi de 1832, était forte et disciplinée ; les finances étaient en parfait état, le commerce était florissant, et enfin la liberté était plus étendue qu'à aucune autre époque de notre histoire.

On adressait cependant à ce régime des reproches de deux natures : les uns portaient sur une question de principe et s'appliquaient aux conditions fixées par la Charte à l'égard de la représentation nationale ; les autres portaient sur des points d'application et étaient relatifs à la politique extérieure, jugée trop timide, et à l'administration intérieure, accusée de résistance aux plus sages progrès.

On voulait, d'une part, accroître le nombre des éligibles et des électeurs. Qui n'a souvenir, en effet, des manifestations faites en faveur de la réforme parlementaire et de la réforme électorale, et qui amenèrent la révolution de février 1848 ?

On voulait, d'autre part, que là France prît une attitude plus ferme vis-à-vis de l'étranger et qu'à l'intérieur l'administration favorisât, au lieu de l'entraver, le grand élan industriel qui cherchait à se produire. — Qui ne se souvient des attaques dirigées contre la politique de la paix à tout prix et des plaintes provoquées par la lenteur apportée à l'établissement des chemins de fer et à l'exécution d'autres grands travaux d'utilité publique ?

Ces plaintes étaient fondées ; mais le gouvernement, mieux inspiré, eût pu en effacer bien facilement les causes par l'adoption de prudentes réformes, venant corriger et perfectionner successivement le régime constitutionnel que la grande majorité des Français voulaient conduire dans une voie plus libérale, mais qu'ils n'entendaient nullement renverser.

Le sort en a décidé autrement ; mais l'expérience de

ces dix-huit années de prospérité durant lesquelles la liberté fut complète, ne saurait être perdue, et beaucoup de bons esprits pensent que la meilleure solution du grand problème qui préoccupe tous les esprits à l'heure présente, serait la restauration d'une monarchie constitutionnelle.

Est-ce à dire qu'il suffise, pour assurer la grandeur et la prospérité de la France, de réédifier la Charte de 1830 et de choisir pour roi un prince brave, loyal et tout dévoué à sa lourde tâche. Non ! Il faut, pour obtenir ces résultats à jamais désirables, asseoir sur de solides et larges bases le régime qu'adoptera la volonté nationale, le rendre incessamment perfectible par la puissance de cette même volonté, régulièrement et légalement exprimée, et le garantir à la fois contre les ambitions du pouvoir et contre les tentatives criminelles des brigands de la rue.

Plus de coups d'État !

Plus de révolutions !

Ainsi seraient obtenus les deux éléments principaux du bonheur d'un peuple :

Liberté et stabilité, inséparables de l'ordre.

La monarchie que nous étudions en ce moment devrait être à la fois constitutionnelle et parlementaire ; c'est-à-dire, que sa Constitution devrait être faite par une Assemblée constituante et que son gouvernement serait dévolu à des ministres responsables.

Deux Assemblées seraient chargées de faire les lois et de maintenir la Constitution : une Assemblée législative composée de députés nommés par le suffrage universel et une Chambre haute composée de sénateurs nommés pour un temps déterminé, moitié par les conseils généraux et moitié par le roi.

Le roi serait choisi d'abord par l'Assemblée constituante.

Ses héritiers légitimes lui succéderaient ensuite, à l'exclusion des femmes; mais chacun d'eux, avant de monter sur le trône, devrait être confirmé roi par une Assemblée constituante, spécialement nommée pour cet objet au décès de chaque souverain dans le délai fixé par la Constitution.

Dans le cas de non confirmation, comme roi, du prince héréditaire, l'Assemblée constituante nommerait un autre souverain.

Les sénateurs en fonction, au moment du décès du roi, feraient partie de droit de l'Assemblée constituante.

Une telle monarchie serait, on le voit, aussi souple, aussi libérale, que le serait un gouvernement républicain, et peut-être conviendrait-elle mieux que la république au tempérament et à l'esprit de la nation.

Dans aucun cas, le souverain, sous peine de forfaiture, ne pourrait recourir au plébiscite.—Cette interdiction nous paraît indispensable pour les motifs que nous avons dévoloppés déjà au chapitre II, en traitant du mode d'élection du président d'une république.

Le mécanisme monarchique dont nous venons d'indiquer les pièces principales aura probablement contre lui les partisans de l'hérédité à tout prix et les partisans acharnés de la république; mais leur nombre sera peu considérable, car il doit satisfaire tous ceux qui veulent, avant tout, assurer le repos de la France.

L'obligation pour un héritier du trône de se faire confirmer par la nation lui imposerait des efforts, des études et des ménagements qui suffiraient presque toujours à le rendre digne de la couronne. Le refus de confirmation n'aurait donc que bien rarement lieu de se produire, et l'hérédité serait appliquée de fait, sinon de droit, sans qu'elle puisse jamais être l'occasion d'une révolution violente, puisque dans le cas où le prince héréditaire serait antipathique à la nation, il pourrait toujours être écarté du trône par une simple mesure constitutionnelle.

Nous insistons très-vivement sur l'adoption de cette confirmation des rois. — Elle pourrait seule concilier ces deux principes opposés : l'hérédité et la volonté nationale, et serait la soupape de sûreté au moyen de laquelle toute explosion révolutionnaire pourrait enfin être évitée.

En dehors de cette forme il nous est impossible de concevoir une monarchie durable. La monarchie dite de droit divin périra toujours de l'antagonisme de son principe avec la volonté nationale ; la monarchie plébiscitaire et absolue périra toujours de l'excès de sa puissance apparente et de la fragilité de son pouvoir réel ; enfin la monarchie héréditaire, même constitutionnelle et parlementaire, périra toujours de l'antipathie accidentelle que pourra inspirer au pays un roi incapable ou en révolte ouverte contre la Constitution et les représentants du peuple.

VI

CONCLUSION

Après avoir indiqué avec impartialité les garanties et les dangers que présentent les diverses formes de gouvernement, nous n'en voyons que deux pouvant nous assurer l'ordre, la liberté et la stabilité :

1° La république avec des institutions monarchiques constitutionnelles;

2° Ou la monarchie constitutionnelle avec des institutions républicaines.

Nous avons donné plus haut les bases de chacune des deux constitutions que nous voudrions voir appliquer à celle de ces deux formes de gouvernement que choisiront les représentants du pays.

Nous y insistons très-vivement.

Quant au gouvernement absolu ou personnel, très-capable d'assurer momentanément l'ordre, il ne saurait nous donner ni la liberté ni la stabilité.

On dit qu'un assez grand nombre de députés seraient disposés à admettre la république à titre d'expérience et pour quelques années seulement.—Ce serait fâcheux pour deux motifs : le premier c'est qu'un essai ne peut être fait sur un objet aussi grave sans en compromettre d'avance le succès en encourageant l'ardeur des dissidents ; le second, c'est qu'une semblable décision laisserait encore la France dans le provisoire, alors qu'il lui faut des institutions définitives pour se relever par la confiance et le crédit. — La perspective d'une nouvelle agitation politique, devant inévitablement se produire au terme de l'expérience qui serait faite de la république, empêcherait fatalement la reprise sérieuse des affaires.

Assez de provisoire !

Il est donc indispensable que les représentants du pays, choisissent immédiatement entre la république ou la monarchie, et fassent, ou fassent faire par une assemblée spécialement constituante, la loi fondamentale de la France à laquelle tous les Français devront se soumettre avec respect.

Si la Constitution est monarchique et si les divers prétendants au trône l'acceptent, la question de principe se trouvera définitivement résolue et la question de personne ne présentera plus qu'une importance secondaire.

Cependant, un prince d'Orléans rencontrerait encore, dans ce cas, nos préférences, parce qu'ayant déjà la tradition de la monarchie constitutionnelle, il lui serait facile de s'y dévouer sans arrière-pensée, tandis que les autres prétendants, ayant des traditions différentes et représentant d'autres principes, ramèneraient autour du trône des amis hostiles à la forme constitutionnelle et se soumettraient probablement à cette forme plutôt qu'ils ne s'emploieraient à la consolider.

Malheureusement, il circule depuis quelque temps des bruits très regrettables de fusion entre la branche aînée et la branche cadette des Bourbons, que semble d'ailleurs confirmer une phrase du manifeste du comte de Chambord. — Nous n'y ajoutons, quant à nous, qu'une créance limitée, parce que cette fusion n'aurait aucune raison d'être.

En effet, le comte de Chambord réclame le trône comme héritier légitime de Henri IV, tandis que les princes d'Orléans n'y sauraient prétendre que par la volonté nationale, à laquelle le roi Louis-Philippe devait la couronne. On ne voit donc pas comment deux principes aussi opposés pourraient se fusionner. — Une semblable entente ne pourrait profiter, d'ailleurs, qu'au comte de Chambord en donnant à ses parchemins quelque popularité, et il semble qu'il l'ait ainsi compris lui-même puisqu'il a cru utile à ses intérêts de faire allusion à la fusion dans le manifeste dont nous avons déjà parlé.

En vain dira-t-on que la famille d'Orléans tiendrait de cette fusion, après la mort du comte de Chambord, l'appui des deux partis monarchiques unis, car cette union est dans tous les cas inévitable après le comte de Chambord, puisqu'il n'a pas d'héritier direct.

Nous ne verrions donc, pour notre part, dans la fusion qu'une réaction des tendances libérales attribuées aux descendants de Louis-Philippe et qui sont précisément aujourd'hui la cause des sympathies politiques qu'ils inspirent.

Que ces derniers y songent, s'il en est temps encore : la fusion, en rendant leur cause moins populaire, laisserait dans l'avenir une place à prendre à la dynastie impériale, qui, s'appuyant par son origine sur la volonté nationale, serait moins éloignée d'une monarchie constitutionnelle établie sur des institutions républicaines, que ne le serait le comte de Chambord, s'appuyant uniquement sur le droit héréditaire.

La seule fusion pratique serait donc la renonciation patriotique du comte de Chambord en faveur d'un prince d'Orléans, se présentant, seul de sa race, aux suffrages de la volonté nationale.

Sa candidature rencontrerait alors de très-nombreuses sympathies, car la famille de Louis-Philippe a laissé parmi nous les plus honorables souvenirs, par la dignité, la sagesse et le patriotisme à la fois modeste et dévoué dont ses membres ont toujours fait preuve.

Quoi qu'il advienne, notre dévouement est assuré d'avance à l'élu de la nation, président ou souverain, pourvu qu'il se soumette à la Constitution.

Immédiatement après la grande question du vote de la Constitution, se présente la question très-importante aussi de la réorganisation de l'armée.

Quel que soit, en effet, le gouvernement qui surgisse des débats qui vont s'ouvrir, il faudra mettre la France en situation de repousser au moins une nouvelle invasion, et cela ne lui sera possible qu'avec le secours d'une armée puissante, présentant un effectif plus que double de celui dont elle dispose avec les lois actuelles.

D'un autre côté, nous ne saurions songer à doubler le budget de la guerre, qui s'élève déjà à 370 millions, ni à priver l'industrie et l'agriculture d'un nombre de bras aussi considérable.

Il est donc absolument indispensable que l'armée soit réorganisée sur de nouvelles bases.

La solution de cet important problème est indiquée avec un rare bonheur et une grande autorité dans un remarquable livre qui vient de paraître et qui est intitulé : L'Armée nouvelle.

L'organisation proposée n'est pas seulement désirable au point de vue militaire ; elle aurait encore une immense portée au point de vue politique.

Nous ne saurions trop appeler sur ce livre l'attention de nos législateurs et celle de tous les esprits sérieux que préoccupent l'avenir et l'honneur de la France.

Paris. Imprimerie Paul Dupont, rue Jean-Jacques-Rousseau, 41. — (1230. 6. 71.)